AF482856

LES
ENFANS DU FERMIER,

DRAME EN TROIS ACTES,

PAR MM. E. CORMON et A. BROT,

REPRÉSENTÉ POUR LA PREMIÈRE FOIS, A PARIS, SUR LE THÉATRE DE LA PORTE-
SAINT-ANTOINE, LE 14 MARS 1837.

PARIS,

NOBIS, ÉDITEUR, RUE DU CAIRE. N° 5.

—

1837.

*Personnages.**Acteurs.*

M. DE MAURAN.	M. OMER.
LE VICOMTE EMMANUEL, son fils.	M. SÉLIGNY.
MARGUERITE, sa fille.	Mlle CLÉMENCE.
BALTHAZAR DUPRÉ.	M. WABLE.
MARIE, sa sœur.	Mme WABLE.
FÉLIX, page attaché à Emmanuel.	Mlle MARY.
MOREL, intendant du comte.	M. BRAUX.
Mme ROBERT.	Mme LUDOVIC.

La scène se passe à Paris : aux 1er et 2e actes, chez M. de Mauran ; au 3e, chez Balthazar.

Imp. J.-B. MEVREL, pass. du Caire, 54.

LES ENFANS DU FERMIER,

DRAME EN TROIS ACTES.

ACTE I.

Un salon de l'hôtel du comte de Mauran, à Paris ; entrée principale au fond ; portes latérales. Une table, des fauteuils.

SCÈNE I.

Au lever du rideau le théâtre est faiblement éclairé ; c'est la fin du jour. On entend dans la coulisse des femmes qui chantent. Morel sort de l'appartement de droite et arrive en scène pendant le chœur. Des domestiques traversent la scène en portant des plats. On dîne dans l'appartement voisin.

AIR de M. Roger.

Amis le plaisir nous convie,
Buvons, rions, chantons, la coupe en main,
Le temps hélas!.. a des ailes, la vie
Pour nous, souvent n'a pas de lendemain.

MOREL, avec douleur.

Oh ! mon Dieu !.. est-ce bien ici l'hôtel du comte de Mauran ?.. suis-je bien éveillé ?... ai-je bien toute ma raison ?... Il n'y a pas encore quinze jours ces salons recevaient tout ce que Paris a de plus élevé, de plus noble... aujourd'hui, quel changement !.. si on ouvrait les portes on verrait tout ce que Paris a de plus débauché en jeunes seigneurs, tout ce que l'Opéra a de plus méprisable en femmes !..

CHOEUR, dans la coulisse.

Amis le plaisir nous convie, etc.

MOREL, s'asseyant.

Ah !.. pourquoi faut-il que le comte soit allé habiter la campagne avec sa fille !.. pourquoi m'a-t-il laissé à Paris, seul, aux prises avec son fils !

(Un domestique ouvre la porte du fond à Balthazar, qui entre timidement.)

SCÈNE II.

BALTHAZAR, MOREL.

MOREL, à Balthazar et en se levant à son approche.
Que demandez-vous, monsieur ?

BALTHAZAR.
Monsieur de Mauran ?

MOREL.
Est-ce à monsieur le comte lui-même ou bien à son fils que vous désirez parler ?

BALTHAZAR.
A monsieur le comte.

MOREL.
Alors, monsieur, il faudra que vous reveniez ; car, pour le moment, le comte de Mauran est à la campagne.

BALTHAZAR.
Pour long-temps ?

MOREL.
Oh ! non... aujourd'hui, dans une heure, peut-être il sera de retour.

BALTHAZAR.
Grand merci, monsieur, je reviendrai.

MOREL.
Est-ce quelque chose qu'on puisse lui dire ?.. vous pouvez m'en charger. je suis son intendant... le comte m'honore de sa confiance... (Voyant l'hésitation de Balthazar.) Parlez... ne craignez rien.

BALTHAZAR.

Oh! mon Dieu! monsieur, je suis bien reconnaissant... je voulais voir M. le comte, lui demander sa protection...

MOREL.

Vous vous adressez bien, mon cher. Le comte est un si digne homme! jamais on n'a frappé en vain à sa porte... Votre nom? à son retour, je le préviendrai.

BALTHAZAR.

Balthazar Dupré.

MOREL.

Dupré?.. seriez-vous le fils de Dupré, son fermier de...

BALTHAZAR.

Bargemont, en Provence... précisément.

MOREL.

Oh! venez, venez, mon ami; il vous recevra avec plaisir, j'en suis sûr. Il aimait beaucoup votre père à cause de sa probité, de sa franchise...

BALTHAZAR, portant la main à ses yeux.

Mon pauvre père!

MOREL.

Combien y a-t-il déjà que vous l'avez perdu?

BALTHAZAR.

Cinq ans.

MOREL.

Venez avec confiance... M. de Mauran sera ici dans la soirée, c'est le moment où il est le plus abordable... venez. (Il lui tend la main.)

BALTHAZAR.

A ce soir.

(Il se dirige vers le fond pour sortir. En ce moment on entend dans la coulisse le choc des verres, de bruyans éclats de rire. Les voix des femmes dominent les autres. Balthazar, étonné, s'arrête et écoute.)

MOREL.

Ah! je vois votre surprise... si vous saviez mon ami quelle est ma douleur!

BALTHAZAR.

Qui donc fait un tel bruit?

MOREL.

Qui? de jeunes écervelés, de mauvaises femmes, qui n'auraient jamais dû mettre le pied dans cet hôtel et qui ont perdu le fils de mon maître.

BALTHAZAR.

Et M. le comte va revenir!.. mais que dira-t-il s'il les surprend!

MOREL.

J'en tremble d'avance. Lors de son départ, il y a quinze jours, « Morel » m'a-t-il dit, jure-moi qu'en mon absence tu veilleras sur mon fils, et » que s'il se conduisait mal tu me préviendrais.» Le premier jour, j'ai fermé les yeux; le second, j'ai hasardé quelques remontrances, quelques conseils! rien n'a fait... et depuis j'ai vu des choses!.. Enfin! j'ai dû remplir mon devoir!.. et malgré mon attachement pour le fils, j'ai prévenu le père!

BALTHAZAR.

Malheureux jeune homme!

MOREL.

Ah! mon ami, vous êtes jeune aussi, prenez garde que le séjour de Paris ne corrompe votre cœur.

BALTHAZAR.

Oh! l'on m'a bien prévenu et j'arrive en garde contre les séductions de la capitale. Mais mon Dieu!.. ce que j'entendais dire, au fond de ma province, sur les jeunes seigneurs de la cour, ce que je traitais de calomnie ou de préjugé, tout cela est donc vrai, monsieur?

MOREL.

Hélas! on ne vous a pas trompé.

BALTHAZAR.

Quoi! des jeunes gens qui possèdent tout ce que l'homme peut désirer sur terre, naissance, richesse, et qui n'auraient qu'un pas à faire pour trouver le bonheur et gagner l'estime de leurs semblables, peuvent de gaîté de cœur perdre tout cela dans la dissipation et la débauche! quoi!...

ils mangent leur fortune, ils usent leurs vie, ils salissent leur nom, et du milieu de leurs orgies une voix ne s'élèvera pas forte et puissante pour leur faire honte... pour leur crier : «Que deviendra la noblesse de France, si les héritiers de cette noblesse se conduisent comme vous, messieurs? allons, secouez la paresse! prenez la plume ou l'épée. et tâchez de gagner les titres que vous transmettent vos aïeux, comme ils ont su les gaguer, eux, par leur talent ou par leur courage! »

MOREL.

Tout cela est fort bien raisonné, mon ami, mais de plus forts que vous ont échoué et échoueront encore!

BALTHAZAR.

Tant pis, monsieur.

MOREL.

A ce soir.

BALTHAZAR.

Je ne sais vraiment si je dois revenir dans un tel moment, surtout ayant avec moi une jeune fille... ma sœur, que je désire également présenter à M. de Mauran.

MOREL.

Le comte une fois ici vous pouvez venir sans crainte.

(Nouveaux éclats de rire plus bruyans encore que les premiers. Morel reconduit Balthazar jusqu'à la porte du fond et au même instant Félix entre par la porte de gauche. Il tient à la main un verre de vin de Champagne. Il est à moitié gris.)

SCÈNE III.

FÉLIX, MOREL.

FÉLIX, entrant.

Oui! monseignenr... je vais transmettre vos ordres... Ouf!.. je crois, vrai Dieu! que la tête me tourne!.. Oh! le délicieux repas!.. les délicieuses femmes! le délicieux champagne! (Il boit.) Morel?.. mon vieux Morel!.. ici!..

MOREL, s'approchant.

Parlez plus poliment, je vous prie, monsieur le page.

FÉLIX.

Oh! pardon!.. j'oubliais que vous êtes de tous les intendans le plus raisonneur, le plus sermoneur... et par conséquent le plus endormeur. (A part.) Quelle vieille tête!

MOREL.

Vous ne rougissez pas!.. un enfant se conduire de la sorte!

FÉLIX.

Apprenez que j'ai quinze ans... je suis un homme... j'aime le jeu, le plaisir, les femmes!.. quel mal voyez-vous à cela? ne voulez-vous pas que je me morfonde à faire de la science et de la philosophie! pas si sot!.. je veux avant deux ans avoir roué tous les juifs et usuriers de l'époque, avoir trompé cinq ou six nymphes de coulisses, cassé une centaine de lanternes, rossé le guet, donné force coups d'épée... enfin je veux qu'on parle de moi à la cour, à la ville, et que le vicomte Emmanuel de Mauran n'ait pas à rougir de la protection qu'il m'accorde! (Il achève son verre de Champagne.) Demandez les carosses de ces dames.

MOREL.

Enfin! elles vont donc partir!

FÉLIX.

Il le faut bien! c'est jour d'Opéra. Mais nous irons les rejoindre et la partie ne finira pas là; ce soir rendez-vous général chez la Guimard!.. hum!.. quel souper! souper d'amateur!.. monseigneur daigne m'y admettre!

MOREL.

Qnel scandale!..

SCÈNE IV.

LES MÊMES, EMMANUEL.

EMMANUEL, entrant.

Eh bien! Félix!.. Morel!.. que diable. les carosses!.. ces dames sont prêtes et s'impatientent!

Morel sonne ; un domestique paraît, il lui donne un ordre, puis revient près du vicomte.

EMMANUEL, à Felix.

Vite! vite!.. porte à ces dames leurs mantilles.

FÉLIX.

Oui monseigneur.

(Il prend des mantilles qui étaient déposées sur les fauteuils et sur les meubles ; puis il rentre dans la coulisse et en ressort presqu'aussitôt.)

EMMANUEL.

Mais en vérité il fait sombre ici comme dans un four... qu'on allume!

(Il se jette dans un fauteuil.)

MOREL.

Mais, monsieur le comte, on n'allume ce salon que les jours de grande réception.

EMMANUEL.

Eh bien! ne reçois-je pas, aujourd'hui?

MOREL.

Il me semblait que ces dames une fois parties...

EMMANUEL.

Ces dames partent et mes amis restent! allons... allons, des lumières et du punch! (Se levant.) M'avez-vous entendu!

(Morel s'incline et se dirige vers le fond. Le domestique reparait à la porte et lui parle bas.)

MOREL.

Les carosses sont à la porte de l'hôtel!

EMMANUEL.

C'est bien! (Morel sort par le fond avec le domestique ; Emmanuel va à la porte de gauche et dit): Venez! venez!

SCÈNE V.

EMMANUEL, FÉLIX, Convives.

On voit sortir de la salle du festin, et une à une, des femmes couvertes de leurs mantilles qu'elles ont abaissées sur leur figure. Elles sont suivies des amis d'Emmanuel qui leur disent adieu.)

TOUS.

A ce soir!

(Les femmes sortent par la porte du fond, et aussitôt des domestiques entrent et apportent des lumières.)

SCENE VI.

EMMANUEL, TELNANGE, Convives.

EMMANUEL.

Les adorables personnes!

TELNANGE.

Que de grace!

EMMANUEL.

Que d'esprit!

TELNANGE.

Que de gaîté!

EMMANUEL.

Mes amis, vive l'Opéra!

TOUS.

Vive l'Opéra!

EMMANUEL.

Plus de passions pour la vie!

TOUS.

Plus de passions pour la vie!

EMMANUEL.

Vive les amours de passage!

TOUS.

Vive les amours de passage!

EMMANUEL.

Très bien!.. oh! très bien, messieurs... Dieu soit loué!.. j'ai donc enfin trouvé des amis qui me comprennent!

TELNANGE.

Oh! nous sommes pour le moins à ta hauteur!

EMMANUEL.

Quel dommage que ces dames nous aient quittés si vite!

TELNANGE.

Oui vraiment; on commençait à s'entendre!

EMMANUEL.

Savez-vous bien, messieurs, que cette petite Rosalie est ravissante et que j'en suis fou!.. fou pour quelques jours, quelques heures peut-être!.. Mais en attendant, c'est une conquête qui me flatte!.. Le duc de Fronsac la serrait de près, dit-on; il doit être furieux; j'en suis ravi! et puis, jugez si l'on va parler de moi!.. il est de notoriété publique que Rosalie est le diamant le plus cher des coulisses de l'Opéra!..

TELNANGE.

C'est une intrigue qui va te lancer!..

EMMANUEL.

Trois ou quatre comme celle-là, et je dicterai des lois à la bonne compagnie.

TELNANGE.

Encore trois heures jusqu'au souper! qu'allons-nous faire en attendant?

EMMANUEL.

Boire du punch et jouer.

TELNANGE.

Excellente idée! du punch! et des cartes!

TOUS.

Du punch et des cartes!

FÉLIX, paraissant au fond.

Voilà! messieurs!.. voilà le punch!

TOUS, avec explosion et en agitant leurs chapeaux.

Vivat! vivat!

SCENE VII.

LES MÊMES, FÉLIX, suivi de domestiques qui apportent du punch et des verres : puis **MOREL**.

(Morel arrive le dernier et se glisse auprès d'Emmanuel. — Des domestiques ouvrent des tables à jeu et y placent des flambeaux. — Les jeunes gens servent le punch)

MOREL, à part, sur l'avant-scène de gauche, et observant ce qui se passe.

Il faut qu'il ait perdu la raison!.. faire de l'hôtel de son père un cabaret... un tripot!.. et quand je songe que d'un moment à l'autre le comte peut arriver... quelle scène horrible!.. Oh! c'est plus fort que moi, il faut que je l'avertisse du danger qu'il court.   (Le punch est versé.)

EMMANUEL, saisissant un verre.

Messieurs, buvons à nos déesses, chacun à la sienne!..

FÉLIX.

Un moment; il me faut aussi un verre.

EMMANUEL.

Comment, à toi?

FÉLIX.

Tiens, pourquoi pas!.. est-ce qu'il est défendu à quinze ans d'avoir une déesse!.. ce serait dommage!.. j'en ai deux!

TOUS, ensemble.

A Rosalie, à Clara, à Constance, à Jenny, à Julie, à Sophie! (Ils boivent.)

EMMANUEL.

Au jeu! cinquante louis!.. qui les tient?

TELNANGE.

Moi!

EMMANUEL.

Toi? cinquante de plus!

TELNANGE.

J'accepte.

EMMANUEL.

Tu es audacieux... cinquante louis, avec qui voudra, que Telnange a perdu.

UN SEIGNEUR.

Je les tiens!

EMMANUEL.

Vite, des cartes!

(Telnange se met à une table à droite de la scène; il occupe la place de droite. Emmanuel va pour prendre celle de gauche; en ce moment Morel le retient.)

MOREL.

Pardon, monseigneur.

EMMANUEL, brusquement.

Que veux-tu, Morel?

MOREL.

Vous savez, monseigneur, si je vous aime, si je vous suis attaché...
c'est bien naturel... je vous ai vu naître...

EMMANUEL.

Au fait... Morel... au fait... je suis pressé... Qu'y a-t-il?

MOREL.

Il y a que votre conduite depuis quelque temps...

EMMANUEL.

Au diable!   (Il va pour s'asseoir.)

MOREL, le retenant.

Mais si votre père arrive...

EMMANUEL.

Eh bien! quoi!.. je le recevrai!

TELNANGE.

Emmanuel, j'attends: est-ce que tu as peur de perdre?

EMMANUEL.

Allons donc!

MOREL, le retenant encore.

Mais il va arriver!

EMMANUEL, sans l'écouter.

Silence!.. tes sermons me fendent les oreilles!.. Félix, du punch!

(Il se met à la table; Félix lui apporte un verre de punch et le regarde jouer.)

MOREL, à part en s'éloignant.

Allons, j'ai tout fait pour le sauver; s'il se perd, c'est lui qui l'aura
voulu.

TELNANGE.

Atout... atout... et atout!

EMMANUEL.

C'est avoir trop de bonheur.

FÉLIX.

Heureux au jeu... malheureux en femme!

TELNANGE.

Tu as perdu.

EMMANUEL.

Ma revanche? je double les enjeux.

TELNANGE et LE SEIGNEUR.

Je tiens!

EMMANUEL, pendant qu'on donne des cartes.

Du punch, Félix, et une chanson.

FÉLIX.

Oui, monseigneur, je vais vous servir l'un et l'autre. (Il va prendre un
verre et le donne à Emmanuel. Voilà le punch... et voici la chanson.

Cavatine de M. Roger.

L'homme est un pèlerin
Egaré sur la terre;
Pour charmer son chemin,
Que lui faut-il? du vin,
    Et puis un verre!

CHŒUR.

Que nous faut-il? du vin,
    Et puis un verre.

FÉLIX.

Mais il existe encor
Un bien qui, dans la vie,
Vaut mieux cent fois que l'or,
Et quel est ce trésor?
    Femme jolie.

CHOEUR.

Quel est ce beau trésor?
Femme jolie.

FÉLIX.

Une femme et du vin!..

(La porte du fond s'ouvre brusquement et Morel paraît sur le seuil.)

MOREL.

M. le comte de Mauran!

EMMANUEL.

Mon père!..

(Emmanuel et ses amis s'arrêtent et paraissent ne plus savoir quelle contenance tenir.)

SCÈNE VIII.

LES MÊMES, LE COMTE.

(Le comte paraît à la porte du fond ; la tête couverte, le maintien sévère, le regard terrible.)

FÉLIX.

C'est singulier!.. je n'ai plus de voix.

LE COMTE.

Eh bien! messieurs, pourquoi donc vos chants ont-ils cessés? pourquoi jetez-vous les cartes sur la table? pourquoi le punch refroidit-il dans vos verres?.. Allons, gai convives, habiles joueurs, fêtez donc la venue d'un nouveau compagnon! vite une place au wihst, que je vous gagne!.. vite un verre que je vous fasse raison!.. (Silence.) Quoi!.. vous vous taisez?.. est-ce que par hasard, vous croiriez le comte de Mauran indigne de partager vos plaisirs? répondez!.. ah! je vois ce que c'est... mes cheveux blancs vous inspirent la crainte et le respect... à vous gentilshommes imberbes!.. et c'est pour cela, sans doute, que vous avez l'audace de rester couverts devant un vieillard! tête nue, messieurs, tête nue!..

(Il arrache le chapeau de Telnange qui se trouve auprès de lui.)

TELNANGE.

Comte de Mauran!..

LE COMTE.

Je suis chez moi, messieurs, et je ne souffrirai pas qu'on me manque de respect!

(Tous les jeunes gens se découvrent.)

EMMANUEL.

Mon père, pardonnez à mes amis un oubli... une étourderie... et si vous avez des reproches à m'adresser, veuillez au moins attendre que nous soyons seuls.

LE COMTE.

Au contraire, monsieur, c'est devant vos prétendus amis que je veux vous dire ce que je pense... Il y a un an, à la mort de votre mère, je vous ai compté une somme de cent mille écus... A quoi l'avez-vous employée? à entretenir des filles perdues, à séduire, à corrompre; jamais à soulager une infortune, à sécher une larme.

EMMANUEL.

Cet argent m'appartenait, mon père, et si je suis jeune, vous l'avez été, si j'aime le plaisir, vous l'avez aimé comme moi.

LE COMTE.

Non, monsieur, car jamais mes plaisirs ne m'ont sali, et vous ne sauriez en dire autant des vôtres!.. A la mort de votre mère, je vous ai confirmé mon nom qu'elle me rendait pur et honoré, et je vous ai dit de le tenir si haut en l'air que jamais la haine de mes ennemis ne pût l'atteindre... Qu'en avez-vous fait, monsieur?

EMMANUEL.

Mon père, je l'ai défendu trois fois de mon épée, je puis vous le rendre tel que vous me l'avez donné.

LE COMTE.

Tu mens! car tu l'as traîné dans tous les tripots de la ville, car il n'est pas un crocheteur, un garçon de coulisse qui n'ait acquit le droit de le citer en se moquant; pas une patrouille de nuit qui ne le mêle à quelque histoire scandaleuse; ah! tu appelles cela me rendre mon nom intact, parce

que tu as rougi ton épée dans des querelles de libertins et de joueurs...
Mes aïeux, à moi, sachez-le bien, monsieur, n'étaient pas de si habiles
spadassins: ils ne tiraient l'épée que sur le champ de bataille et quand le
roi, leur maître, criait en avant!.. tiens, demande à tes valets s'il l'ont jamais prononcé sans s'incliner jusqu'à terre... demande à tout Paris s'il
n'était pas la providence des malheureux, tandis qu'à présent, il est mé-
prisé comme toi, haï comme toi!... détestable ingrat, sans pitié, sans reconnaissance, qui ose souiller de ses plaisirs l'hôtel de son père et de sa
sœur!.. Après ma mort, monsieur, vous pourrez vider mes coffres-forts,
traîner dans la boue mes honneurs et mes titres, mais pour Dieu!.. n'ayez
pas l'insolence de porter un crêpe!..

EMMANUEL.

Oh! mon père!..

LE COMTE.

Ne me nommez pas votre père, car d'aujourd'hui, vous n'êtes plus mon
fils!.. (Pendant que le comte parlait, chaque convive s'est peu à peu retiré dans le fond,
et en ce moment ils saluent le comte qui se retourne vers eux et ils sortent.)

FÉLIX, sortant le dernier.

Je n'éprouve point le désir de rester ici plus long-temps. (Il se sauve. —
Emmanuel a traversé la scène en silence; il reprend son chapeau, et quand il se trouve
seul avec le comte il salue et va pour se retirer, mais le comte le retient.)

LE COMTE.

Demeurez!

SCÈNE IX.

EMMANUEL, LE COMTE, MARGUERITE.

Elle a entr'ouvert la porte de droite et elle s'avance doucement.

LE COMTE, avec calme.

Monsieur, vous savez que j'ai du pouvoir... si je voulais vous faire en-
fermer pour mettre un terme à vos déréglemens... rien ne me serait plus
facile: mais il me répugne d'employer la force: je vous l'ai prouvé depuis
un an, par ma patience, par la douceur de mes conseils et de mes remontrances... il a fallu me pousser à bout, monsieur, pour que j'en vinsse à
vous traiter comme je le fais... il a fallu que j'eusse la preuve que vous
n'aviez pour moi ni respect, ni amour.

MARGUERITE, s'avançant subitement entre le comte et Emmanuel.

Oh! mon père, vous vous trompez!..

LE COMTE.

Marguerite!..

MARGUERITE.

Mon frère a pu avoir des torts envers vous, mais cesser de vous chérir...
oh! cela est impossible! n'est-ce pas, Emmanuel?.. oh! viens, viens, le dire
à mon père...

EMMANUEL.

Merci, ma sœur... en ce moment, monsieur le comte ne me croirait
pas... et cependant je jure que jamais...

LE COMTE.

Point de sermens, monsieur, point d'excuses... Laisse, Marguerite, laisse,
mon enfant... oh! oui... le seul enfant qui me reste pour consoler ma vieillesse et me fermer les yeux!..

MARGUERITE.

Mon père.

LE COMTE, à Emmanuel.

Rentrez dans votre appartement... je ne me sens pas la force de vous
faire connaître ma résolution et ce que j'exige, sous peine de vous maudire à ma dernière heure... allez, monsieur et attendez mes ordres.

(Emmanuel va pour sortir par la gauche, sa sœur passe auprès de lui et lui prend la
main. Il l'embrasse, Marguerite pleure.)

MARGUERITE, bas.

Du courage, mon frère, ne te désole pas.

(Le comte accablé est venu s'asseoir sur l'avant-scène de droite. En ce moment, Morel
ouvre la porte du fond et fait signe à Balthazar et à sa sœur d'entrer.)

SCÈNE X.
LES MÊMES, MOREL, BALTHAZAR, MARIE.

(Balthazar tient par la main sa sœur qui baisse timidement les yeux et il reste au fond avec elle pendant
que Morel s'approche du comte.)

MOREL.

Monsieur le comte, le fils de Dupré, votre ancien fermier, réclame la
faveur d'un moment d'audience.

LE COMTE.

Qu'il entre,

MOREL, à Balthazar.

Approchez!..

(Balthazar et sa sœur s'avancent ; en ce moment Emmanuel se trouve auprès de Marie.)

EMMANUEL.

Oh!.. la jolie personne!..

LE COMTE, se retournant du côté de Balthazar.

Eh bien! ce jeune homme?..

(Balthazar et Marie saluent. Emmanuel sort par la gauche en jetant sur la jeune fille un
dernier regard. Marguerite revient à la gauche de son père et Morel sort par le fond.)

SCÈNE XI.
MARIE, BALTHAZAR, LE COMTE, MARGUERITE.

LE COMTE, avec bonté.

Depuis combien de temps avez-vous quitté Bargemont?

BALTHAZAR.

Depuis quinze jours.

LE COMTE.

Qu'elle est cette jeune fille?

BALTHAZAR.

Ma sœur.

LE COMTE.

Vous venez sans doute à Paris dans l'espérance de vous placer tous deux.

BALTHAZAR.

Non, monsieur le comte, je viens à Paris pour y faire mes études de
droit...

LE COMTE, étonné.

Vos études de droit.

BALTHAZAR.

Oui, monseigneur.

LE COMTE.

Je ne croyais pas que votre père vous eut fait donner de l'éducation... et
il me semble même qu'il y a dix ans lors de mon dernier voyage en Provence, je vous vis occupé aux travaux de la ferme.

BALTHAZAR.

Cela est vrai...

LE COMTE.

Vous aviez alors...

BALTHAZAR.

Quinze ans, monseigneur. C'est à cette époque que le hasard me fit tomber entre les mains un ouvrage sur l'histoire de France... Il était rempli
de fort belles gravures représentant des actions d'éclat... Je ne savais pas
lire et je mourrais d'envie d'avoir l'explication de ces gravures si intéres-
santes. J'eus recours au curé de notre paroisse ; à force de prières et de
petits services que je lui rendais, il eut l'extrême obligeance de m'apprendre mon alphabet. La basse-cour du presbytère était bien solitaire; j'eus soin
de la regarnir et j'appris à épeler... le jardin était très mal entretenu...
moyennant bonne quantité de fruits, je sus lire couramment... Dès lors,
une nouvelle existence commença pour moi, la lecture de mon livre pré-
cieux, en m'initiant à l'histoire de mon pays, me fit désirer de connaître
celle des autres peuples, et mes petites économies passèrent à acheter des
livres; mais bientôt, j'éprouvai le besoin d'utiliser mes études, de mettre

en ordre mes connaissances et les pensées qu'elles faisaient naître dans mon esprit... malheureusement, je ne savais pas écrire... j'eus encore recours à notre excellent curé... je trouvai chez lui le même zèle, le même désintéressement et j'appris à écrire comme j'avais appris à lire... C'est à cette époque qu'un grand malheur vint frapper notre famille.

LE COMTE.

La mort de votre père. Pauvres enfans !

Marguerite par un mouvement spontané s'avance vers Marie, lui prend la main et lui parle avec bonté. Marie répond à peine et avec timidité.)

BALTHAZAR, après un temps.

Mon oncle succéda à mon père dans la ferme ; moi, après avoir réuni mon petit patrimoine, je partis pour Montpellier où je restai quatre ans tout occupé de mes études et du soin de veiller sur Marie, ma jeune sœur que j'avais emmenée avec moi. — J'aurais pu en restant dans notre province l'y établir et m'y fixer moi-même... mais, il n'y a qu'un Paris pour réussir, me disait-on sans cesse, et je me suis décidé à entreprendre ce grand voyage.

LE COMTE, se levant.

Toujours avec votre sœur ! vous vous aimez donc bien ?

BALTHAZAR.

Si nous nous aimons ! Oh ! oui, monsieur le comte.

LE COMTE, passant auprès de Marie.

Quel âge avez-vous, mon enfant ?

MARIE.

Dix-sept ans, monseigneur.

LE COMTE.

Dupré ? j'aimais votre père, vous m'intéressez tous les deux... voyons, que puis-je faire pour vous ?

BALTHAZAR.

Oh ! monseigneur, je ne vous demande qu'une chose. Par votre position dans le monde il doit vous être facile de voir les professeurs de la Sorbonne, obtenez que je puisse être admis à suivre leurs leçons.

LE COMTE.

Rien de plus facile. — Mais votre sœur ?.. vos ressources ne sont peut-être pas bien grandes... mon ami... et si Mlle Marie voulait, peut-être serait-il possible de lui trouver dans une bonne et grande maison...

MARIE, vivement.

Quitter, mon frère !.. oh !... je ne le pourrais pas, monseigneur. Et je suis bien sûr que lui-même ne consentirait pas à cette séparation, n'est-ce pas Balthazar ?

BALTHAZAR.

Oh ! non, sœur, jamais.

MARIE.

C'est que voyez-vous, monsieur le comte, avant de m'aimer comme une sœur, Balthazar m'a aimée comme une fille. Il a dix ans de plus que moi et ma mère étant morte six semaines après ma naissance ; de la tendresse qu'il avait pour elle, réunie à l'affection qu'il éprouvait déjà pour moi, il forma un seul amour qu'il concentra sur la pauvre enfant condamnée dès le berceau à ne jamais voir sourire sa mère, à ne jamais sentir ses caresses, à ne jamais entendre sa voix murmurer le nom de Marie dans un baiser... voilà comme Balthazar m'a aimée, voilà ce dont il m'a tenu lieu, monseigneur, vous voyez bien que nos deux existences sont liées l'une à l'autre et que nous ne pourrions pas nous séparer.

LE COMTE.

C'est bien, mes enfans, c'est bien de s'aimer comme vous faites. (Allant à la table et écrivant. Je vais vous donner sur-le-champ une lettre de recommandation pour le recteur de la Sorbonne. Cela suffira.

BALTHAZAR.

Ah ! monsieur le comte que de reconnaissance !

MARGUERITE, prenant Marie à part.

Oh ! oui, vous avez raison de ne pas quitter votre frère ! et combien l'amitié qui vous unit doit vous rendre heureuse !... moi aussi j'ai un frère...

MARIE.

Il vous aime bien, n'est-ce pas, mademoiselle ?

MARGUERITE, avec un soupir.

Oui, Marie... oui... Mais parlons de vous... entre femmes... on ne doit rien craindre... Promettez-moi que si jamais vous aviez besoin d'une main amie, vous viendriez me trouver.

MARIE.

Je vous le promets.

LE COMTE, se levant et donnant une lettre à Balthazar.

Tenez, mon cher Dupré. Si elle ne suffit pas, venez me trouver... et si elle vous fait obtenir ce que vous désirez, venez encore.., J'aurai du plaisir à vous voir.

BALTHAZAR.

Croyez bien, monsieur, que je n'oublierai jamais vos bontés pour mon père et pour moi.

LE COMTE.

Adieu, mon ami, adieu, ma chère petite.

MARGUERITE, bas à Marie.

Songez à votre promesse.

(Balthazar reprend la main de sa sœur, salue le comte et sa fille, puis il sort par le fond.)

SCÈNE XII.

LE COMTE, MARGUERITE.

LE COMTE.

Ma fille, qu'il est doux de voir un frère et une sœur s'aimer aussi tendrement! Oh!.. Marguerite!.. pourquoi faut-il qu'un semblable bonheur me soit refusé!.. vois-tu, je le sens, ton frère me fera mourir de chagrin.

MARGUERITE.

Oh! mon père; ne parlez pas ainsi... vous m'effrayez!

LE COMTE.

Et cependant je l'ai connu bon, aimant, plein d'égards et de soins pour son père.

MARGUERITE.

Sans doute. De faux amis ont pu l'égarer... mais son cœur n'est pas changé.

LE COMTE.

Si tu pouvais dire vrai!

MARGUERITE.

Tenez, je suis sûr que dans ce moment il pleure, il se désole...

LE COMTE.

Tu crois?

MARGUERITE.

Vous l'avez traité si dùrement!

LE COMTE.

Je le devais!.. mais il m'en a bien coûté!

MARGUERITE.

S'il osait venir se jeter dans vos bras et vous demander pardon. . tout serait fini; vous n'auriez plus à l'avenir, le moindre reproche à lui adresser. Mais hélas !.. vous lui avez défendu de reparaître devant vous!

LE COMTE.

Marguerite... sonne... et qu'il revienne.

MARGUERITE.

Oh! mon père ! que vous me rendez heureuse !   (Elle sonne.)

SCÈNE XIII.

LES MÊMES, FÉLIX.

FÉLIX.

Que demande monseigneur?

MARGUERITE.

Appelez mon frère, dites-lui que mon père veut le voir.

FÉLIX.

Pardon. mademoiselle, mais je ne puis exécuter cet ordre. Les amis de monsieur le vicomte sont venus le prendre pour aller souper chez la Guimard, et je vais le rejoindre.   Il sort en gambadant.

SCÈNE XIV.
MARGUERITE. LE COMTE.

MARGUERITE, tombant dans un fauteuil à côté de son père.

Parti! dans un pareil moment!

LE COMTE, avec désespoir.

Oh! ma fille!.. ma fille!.. je n'ai plus que toi!

Il l'embrasse sur le front avec amour.

FIN DU PREMIER ACTE.

ACTE II.

Le théâtre représente un salon du temps de Louis XV, mesquinement meublé; entrée principale au fond; portes latérales. A droite, une fenêtre à côté de la porte; une petite table à ouvrage sur laquelle est un coffre ouvert; une cheminée à gauche.

SCÈNE I.

MARIE, à la fenêtre; Mme ROBERT. Elle brode sur le devant de la scène.

MARIE.

C'est de là que pour la première fois je l'ai aperçu; de là, que tous les jours, pendant près d'un mois, je l'ai vu venir; puis, c'est ici qu'il s'est placé, dans ce fauteuil, et il y est demeuré de longues heures ainsi, à côté de moi, ses yeux sur mes yeux, ses mains dans les miennes, et maintenant je ne le vois plus de cette fenêtre et il n'est plus dans ce fauteuil.

Mme ROBERT.

Encore triste? encore plongée dans vos rêveries?

MARIE.

Non, Mme Robert.

Mme ROBERT, la regardant.

Vous avez pleuré aujourd'hui, mon enfant; que vous êtes peu raisonnable? et que dira votre ami en voyant vos joues si fraîches, pâlies subitement? vos yeux éteins ou gonflés de larmes?

MARIE, tristement.

Oh! qui m'eût dit à moi, lorsque mon frère partit il y a six semaines pour Marseille, que je changerais si vite? que le calme dans lequel je vivais depuis si long-temps ferait place à des chagrins bien amers.

Mme ROBERT.

Mon enfant, vous exagérez.

MARIE.

Oh! qui m'eût dit que je ne penserais plus à mon frère.

Mme ROBERT.

Mais vous l'aimez toujours.

MARIE.

Oui, mais ce n'est plus comme autrefois: autrefois je n'aimais que lui seul au monde, tandis qu'aujourd'hui un autre!.. concevez-vous, madame Robert, que depuis deux jours il ne soit pas venu?

Mme ROBERT.

Vous le verrez aujourd'hui, j'en suis certaine.

MARIE.

Demeurer deux jours sans me voir!.. Oh! s'il ne m'aimait plus!

Mme ROBERT.

Lui, ne plus vous aimer!

MARIE.

Je le crains...

Mme ROBERT.

Que vous êtes enfant! pourquoi vous créer des chimères! soyez tranquille, il vous aime toujours autant.

MARIE.

Si je pouvais vous croire! mais non, sa froideur, son indifférence ne peuvent m'échapper!.. si du moins en perdant mes illusions et mes rêves d'amour, mon cœur avait conservé ses anciennes et premières affections! mon frère m'avait tellement recommandé en partant de l'aimer toujours ; Marie, m'avait-il dit : Mon intérêt, le tien surtout exige que j'aille recueillir la riche succession que la mort subite de notre oncle nous laisse : ne change rien à ta conduite en mon absence, ne sors pas de chez toi, ne reçois personne! pauvre frère! pourquoi, mon Dieu, ne m'a-t-il pas montré le danger tel qu'il était! aujourd'hui je ne serais point descendue si bas.

Mme ROBERT.

Les intentions du comte sont pures, mon enfant, ne dirait-on pas à vous entendre qu'il ait voulu vous tromper et vous abandonner ensuite?

MARIE.

Mais, Mme Robert, comment se fait-il alors qu'il ait refusé constamment de me dire son nom... celui qu'un jour je dois porter?

Mme ROBERT.

Vous ne comprenez pas?

MARIE, ingénûment.

Non.

Mme ROBERT, souriant.

C'est qu'il veut se réserver le plaisir de vous l'apprendre en vous nommant sa femme? vous serez bien surprise alors. et bien heureuse. tout à la fois.

MARIE.

Mais c'est donc un nom bien illustre?

Mme ROBERT.

Peut-être.   (On frappe à la porte.)

MARIE.

Le voilà! oh! allez vite.

(Mme Robert va ouvrir, un page entre ; il tient un billet à la main.

SCÈNE II.

LES MÊMES, FÉLIX.

FÉLIX, entrant.

Bonjour, mesdames.

MARIE, tristement, à part.

Ce n'est pas encore lui.

FÉLIX, à Marie.

Bonjour ma syrène! Bon Dieu qu'elle est jolie comme cela avec son petit air triste, ses grands yeux languissans!.. sur mon honneur, je n'ai rien vu de plus adorable... mais voyez donc! quelle taille de sylphide! et cette main! comme la traîtresse est blanche et mignonne.

MARIE.

Finissez.

FÉLIX.

Oh! le pied! renversant! et dire que tant de trésors restent enfouis dans la rue de Sorbonne! mais jolie fleur d'amour, délicieux bouton de rose, vous vous fanerez ici!.. allons, sautez la rivière, lancez-vous sur la scène de l'Opéra. Tu dieu! quelle révolution vous produirez!

MARIE.

Oh! je ne suis pas ambitieuse, le bruit. l'éclat. ne donnent pas toujours le bonheur.

FÉLIX.

Préjugé! n'est-ce pas, la vieille?

Mme ROBERT.

Comment, la vieille?

FÉLIX, à Marie.

Voici, mon bel astre. un poulet tout parfumé, qui va rendre magiquement l'éclat à vos yeux. et la fraîcheur à vos joues charmantes.

MARIE.

Oh! donnez vite.

(Elle s'assied près du coffret où elle met ses lettres, et lit avec attention.)

FÉLIX, à Mme Robert.

Savez-vous. maman, que monseigneur est un heureux mortel! être aimé d'une aussi ravissante créature! Ah! si le vicomte Emmanuel n'était pas mon protecteur, mon maître...

Mme ROBERT.

Allons donc! vous, un bambin!

FÉLIX.

On prétend, je le sais, que je suis trop jeune pour avoir des bonnes fortunes, ceux qui parlent ainsi en ont menti... c'est un cancan! d'ailleurs, l'amour n'a pas d'âge.

MARIE, à part.

Il se justifie... son père l'avait emmené dans une de ses terres... il me demande pardon... Ah! que je suis heureuse.

(Emmanuel paraît au fond, le page se retourne; Emmanuel met un doigt sur la bouche, Mme Robert se lève; le vicomte leur fait signe de se retirer, ils s'en vont doucement et avec précaution.)

FÉLIX, bas au vicomte et en sortant.

Allons, monseigneur, pas d'hésitation, rompez franchement.

(Emmanuel s'approche à pas lents de Marie, qui semble absorbée.)

SCÈNE III.

MARIE, EMMANUEL.

EMMANUEL, la regardant.

Elle est pourtant bien jolie; oui, mais cela dure depuis quinze jours.

MARIE, se retournant.

Ah!

EMMANUEL, lui baisant la main.

Bonjour, Marie.

MARIE, souriant.

Vous m'avez presque fait peur, je ne vous attendais pas sitôt.

EMMANUEL.

A qui donc pensiez-vous-là, assise, toute rêveuse?

MARIE.

A qui donc, mon Dieu, puis-je penser, si ce n'est à vous? tenez, Alphonse, quand vous êtes loin de moi, quand je vous attends, il me semble que vous ne m'aimez pas autant que je vous aime?

EMMANUEL.

Moi! ne pas vous aimer! eh qui donc a pu vous faire soupçonner...

MARIE.

Que sais-je? tout.

EMMANUEL.

Depuis le jour où je vous ai vue pour la première fois, mes soins n'ont-ils pas été aussi empressés? lorsque vous étiez triste, qui vous consolait si ce n'est moi? lorsque l'avenir vous effrayait, qui vous rassurait? qui séchait vos larmes, et après tout cela, Marie, vous venez me reprocher de ne point vous aimer?

MARIE.

Ah! si j'étais sûre de votre cœur comme je suis sûre du mien.

EMMANUEL.

Donnez-moi votre main, Marie. (Elle la lui donne; il la conduit devant une glace.) Regardez-vous, et dites-moi s'il est possible que je vous oublie.

MARIE.

Oh! oui, je vous crois: si vous saviez, Alphonse, quelle douce existence je me suis promise un jour, quand nous serons unis. Vous vous souvenez de vos promesses, n'est-ce pas?

EMMANUEL, à part, avec ennui.

Ah! (Souriant.) Mais oui, Marie, pourquoi les aurais-je oubliées?

MARIE.

Par moment, j'ai peur lorsque je songe que mon frère peut revenir bientôt; car enfin, s'il arrivait avant que je fusse votre femme, et qu'il apprît... Oh! Dieu!

EMMANUEL, à part.

Toujours son frère.

MARIE.

Je vous aime bien, maintenant; mais une fois votre femme, je ne serai pas obligée de me cacher pour vous aimer, je pourrai laisser deviner à tous, combien je suis glorieuse de votre affection, et je vous aimerai plus encore, je crois que maintenant... et puis, quelque chose me dit que tu pourrais bien un jour oublier Marie, ta maîtresse, mais que tu aimerais toujours Marie, ta femme.

EMMANUEL.

Eh bien! nous reparlerons de tout cela à mon retour de Versailles.

MARIE.

Comment! vous allez à Versailles?

EMMANUEL.

Oui, pour huit jours! une fête à laquelle je ne puis manquer; toute la noblesse y sera.

MARIE.

Et c'est pour une fête que vous me quittez?

EMMANUEL.

Bien à regret, mais j'y suis attendu; et pour tout au monde...

MARIE.

Mais moi, Alphonse, si je vous priais de me faire ce sacrifice; si je devais le regarder comme une preuve d'affection.

EMMANUEL.

Vous auriez tort; je crois vous en avoir donné assez d'autres.

MARIE.

Oui, c'est vrai; mais s'il faut le dire...

EMMANUEL.

Eh bien!..

MARIE.

Toutes ces grandes dames de la cour parées avec luxe et couvertes de diamans...

EMMANUEL.

De la jalousie!.. Tenez, Marie, si vous voulez m'être agréable, tâchez de vous corriger de ce défaut.

MARIE.

Vous appelez cela un défaut?

EMMANUEL.

En vérité, ma chère, vous finirez par m'empêcher de faire un pas sans vous, et je ne désespère point qu'un jour vous ne me mettiez sous clé.

MARIE.

Alphonse, je vous en prie...

EMMANUEL.

Non, non, vous n'êtes pas raisonnable et vous avez tort, car il faudra bientôt vous résigner de nouveau...

MARIE.

Comment cela?

EMMANUEL.

Peu de jours après mon retour de Versailles, j'irai rejoindre mon régiment qui est en garnison à Toulouse.

MARIE.

Une autre absence encore!.. et vous serez long-temps?

EMMANUEL.

Mais, deux mois, peut-être.

MARIE.

Oh! mon Dieu!..

SCÈNE IV.

Les Mêmes, FÉLIX.

FÉLIX, accourant.

Monseigneur!..

EMMANUEL.

Eh bien! mon carosse est-il arrivé?

FÉLIX.

Monseigneur, il vous attend en bas, depuis une demi-heure.

EMMANUEL.

C'est bien!..

FÉLIX, bas au vicomte.

Est-ce rompu?

EMMANUEL, bas.

Pas encore.

FÉLIX, à part.

Il faudra que je m'en mêle.

EMMANUEL.

Adieu, Marie.

MARIE, tristement.

Adieu, monsieur le comte.

FÉLIX, à part.

Comme c'est touchant des adieux! je suis tout attendri, j'ai envie de pleurer.   (Il porte la main à ses yeux et rit.)

MARIE.

Ainsi donc à huit jours.

EMMANUEL

Voyons, calmez-vous, et ce soir je viendrai vous faire mes adieux; pourvu cependant que mes occupations m'en laissent le temps.

FÉLIX, à part.

C'est-à-dire, ma petite, si notre souper chez la Duthé nous le permet.

MARIE.

Oh! je vous en prie.

EMMANUEL.

Pourquoi pleurer? tu sais bien que je n'aime que toi.

FÉLIX, à part.

Oui, elle, et puis... (Il compte sur ses doigts.) Une, deux, trois... (Avec un mouvement d'épaules.) Au fait je ne sais pas précisément.

MARIE.

A ce soir.

EMMANUEL.

Oui, je te le promets.

MARIE, le reconduisant.

Et j'y compte.

(Emmanuel lui embrasse la main et sort avec son page.)

SCÈNE V.

MARIE, seule.

Elle revient s'asseoir auprès de la petite table.

Me sacrifier à une fête! à quelques instans de plaisir! et il ne comprend pas que c'est me déchirer le cœur? et puis, il m'apprend froidement qu'il lui faudra s'éloigner pendant deux mois... Oh! s'il m'aimait, consentirait-il à m'abandonner une seule minute... (Prenant un médaillon sur son coffret.) Alphonse, Alphonse, ce n'est plus toi!

(Mme Robert entre, Marie pose le médaillon à côté du coffre sur la table.)

SCÈNE VI.

Mme ROBERT. MARIE.

Mme ROBERT.

Voici une lettre, mon enfant, qui m'a été remise à l'instant.

MARIE, regardant.

De mon frère! Mme Robert!..

Mme ROBERT, s'approchant.

Ah!..

MARIE.

Je n'ose l'ouvrir... je crains toujours qu'il ne m'accuse... (Après quelque hésitation.) Voyons, que me dit-il? L'ouvrant. Mon pauvre frère. (Lisant à voix haute.) « Chère sœur, voilà deux fois que je t'écris et je n'ai pas reçu une seule réponse » A Mme Robert. Je vous les avais pourtant remises? Et il m'a écrit deux fois!.. Continuant. « Mes lettres ne te seraient-elles point parvenues, ou es-tu malade: en tout cas, apprends, chère sœur, que mon oncle n'est pas mort comme on me l'avait annoncé! je t'expliquerai tout cela à mon retour, et ce sera bientôt... Avec terreur.) Ma lettre ne me précédera que d'un jour au plus. »

Mme ROBERT, à part.

Ah! il revient.

MARIE.

Que vais-je devenir, grand Dieu! Oh! ma chère madame Robert, con-
seillez-moi, dites-moi ce qu'il faut faire, j'ai la tête perdue!..

Mme ROBERT.

Remettez-vous, ma fille, vous vous alarmez à tort.

MARIE.

A tort, dites-vous? mais il va revenir! dans un jour il sera ici! dans un
jour, qui sait, aujourd'hui même, peut-être ce soir... (Avec effroi.) Et lui que
j'attends...

Mme ROBERT.

Qui! le comte? il faut le prévenir à l'instant.

MARIE.

Puisque je ne sais ni son nom, ni l'endroit où il demeure.

Mme ROBERT.

Mais moi, je le sais.

MARIE.

Eh bien! courez lui apprendre ce qui arrive!.. Et comment saurai-je
si vous l'avez trouvé?

Mme ROBERT.

Je reviendrai aussitôt.

MARIE.

Partez-donc vite, c'est mon honneur, mon repos, que je vous confie!..
   (Mme Robert s'apprête à sortir, on entend du bruit sur l'escalier, elle s'arrête.)

UNE VOIX AU DEHORS.

Marie! Marie!..

MARIE.

Oh! mon Dieu! c'est lui!.. Vite, Mme Robert, par ici...

Mme ROBERT.

A bientôt, à bientôt...

MARIE, refermant la porte.

Je suis morte.   (Balthazar entre.)

SCÈNE VII.
MARIE, BALTHAZAR.

MARIE.

Balthazar!

BALTHAZAR.

Ma sœur!   (Elle se jette dans ses bras.)

MARIE.

Oh! mon frère, mon ami, mon protecteur!.. Oh! Balthazar!..

BALTHAZAR.

Marie! Marie!.. (La regardant.) Comme tu es changée? pâlie? as-tu donc
été malade en mon absence? le serais-tu encore?..

MARIE.

Non, je t'assure.

BALTHAZAR, l'embrassant.

Le temps m'a semblé bien long, loin de toi, oh! mais je te serre dans
mes bras et j'oublie tous mes chagrins.

MARIE.

Balthazar, tu es toujours le même, toi?

BALTHAZAR.

Mais dis-moi, pourquoi n'as-tu pas répondu à toutes mes lettres?

MARIE.

Je n'en ai reçu qu'une seule, celle qui m'annonçait ton retour.

BALTHAZAR, surpris.

Tu n'as reçu qu'une lettre; comment cela se fait-il? quelqu'un aurait-il
soustrait les autres?

MARIE.

Je l'ignore.

BALTHAZAR.

Mais j'y songe, cette lettre, tu sais, qui m'apprenait la mort de mon oncle, elle était fausse... celui qui l'a écrite ne pourrait-il pas avoir soustrait celles que je t'ai envoyées? mais dans quel but?..

MARIE, à part.

Oh! mon Dieu! quel soupçon.

BALTHAZAR.

Arrivé à Marseille, je te l'avouerai, ma sœur, j'ai cru qu'on avait voulu m'éloigner de Paris... d'horribles pensées s'emparèrent de mon esprit, mais une lettre de toi que je reçus avant de l'avoir écrit vint me rassurer.

MARIE.

Comme tu es demeuré long-temps?

BALTHAZAR.

Que veux-tu, Marie! mon oncle m'a retenu malgré moi ; il voulait que je restasse pour toujours près de lui... il voulait me marier.

MARIE.

Te marier!

BALTHAZAR.

Oui, à une riche héritière ; mais j'ai refusé.

MARIE.

Pourquoi?

BALTHAZAR.

J'ai tant d'affection pour toi que je craindrais de ne point aimer assez ma femme ; ensuite, ma nouvelle famille exigerait peut-être que toi et moi vivions éloignés l'un de l'autre, et soit habitude, soit affection profonde, je ne m'en sentirais pas le courage.

MARIE.

Oh ! tu vaux mieux que moi, frère !

(Elle fond en larmes ; Balthazar l'embrasse et sourit.)

BALTHAZAR.

Mais me voici de retour, nous serons heureux comme autrefois ; eh bien ! vois-tu, si je ne réussissais pas dans l'état que j'ai embrassé, j'ai un protecteur puissant, nous irons trouver le comte de Mauran.

MARIE.

Oh! oui, ce brave seigneur qui nous a si bien accueillis.

BALTHAZAR.

Oui, mais j'espère bien faire mon chemin tout seul... J'ai de l'honneur, du talent, je ne sais pas encore, mais avec de la persévérance, on peut en acquérir ; je réussirai, j'en ai le pressentiment.

MARIE.

Moi aussi.

BALTHAZAR.

Dis donc, Marie, je suis bien fatigué, sais-tu? appelle madame Robert.

MARIE.

Elle n'est pas là, mais je vais te servir moi-même.

BALTHAZAR.

Bonne petite sœur!...

MARIE, à part.

Mon Dieu! elle ne revient pas... Je suis dans une inquiétude!

(Elle entre dans la chambre du fond ; pendant ce temps Balthazar va s'asseoir contre la table, il aperçoit le médaillon du comte : il le regarde quelque tems avec des yeux stupéfaits. Enfin il le saisit.

SCÈNE VIII.

BALTHAZAR, seul.

Un portrait d'homme! (Regardant encore.) Cette figure ne m'est pas inconnue. (Après un silence.) Je l'ai vu quelque part. (Marie entre.) Marie!

(Il se lève, cache le médaillon dans son sein et vient sur le devant de la scène.)

SCÈNE IX.

MARIE, BALTHAZAR.

MARIE, tenant un plateau chargé, qu'elle dépose sur la cheminée.

Tiens, Balthazar.

BALTHAZAR, froidement.

Merci, merci.

MARIE, à part, pendant que Balthazar commence à se servir.

Mme Robert ne l'aurait-elle pas trouvé? comme elle tarde... (Haut.) Je

n'ai pas ici tout ce qu'il te faut, Balthazar... Mme Robert est sans doute
chez elle... ce que je t'ai apporté ne peut te suffire , je vais la chercher...
c'est ici, à côté, tu sais... je reviens de suite.

BALTHAZAR, sans émotion.

Eh bien! oui, va la chercher.

MARIE, sortant.

Mon Dieu! faites qu'il soit prévenu à temps.

SCÈNE X.

BALTHAZAR, seul.

(Il marche à grand pas, puis tire le médaillon de son sein et le regarde long-temps. Avec rage.)

Un homme est venu ici! ici! oh! ma sœur! ma sœur! (Regardant de nouveau
le médaillon.) Et peut-être qu'elle l'aime! oh! Marie, et les promesses que
tu m'avais faites! maintenant, je commence à comprendre l'intérêt qu'on
avait à m'éloigner de Paris! cependant, je ne puis croire que ma sœur ait
été prévenue de tout cela... Non, ces lettres que j'avais envoyées et qu'elle
n'a point reçues, on l'aura entraînée, on aura profité de sa faiblesse, de
son isolement! et la pauvre enfant qui n'avait plus personne pour la protéger aura succombé peut-être!.. oh! non!.. non... je ne puis le croire!..
Et cependant sa tristesse, ce changement que j'ai remarqué en elle! mais
comment faire pour savoir quel est le misérable?.. Je donnerais ma vie
pour me trouver dix minutes avec lui!..

(Il regarde encore le médaillon. On entend chanter dans les coulisses.—Il écoute atten-
tivement. On frappe, il va ouvrir. Le page entre.)

SCÈNE XI.

FÉLIX, BALTHAZAR.

FÉLIX, surpris.

Ah! (Il toise Balthazar.) Qui diable êtes-vous, mon cher, pour vous trouver
ici à cette heure et quand on nous attend?

BALTHAZAR.

Comment, qui je suis?

FÉLIX.

Mais je trouve plaisant que vous osiez vous présenter dans cette maison
sachant que nous y venons...eh bien! mais cela ne va pas mal; elle tourne
à ravir cette petite!.. comment, deux amans à la fois!

BALTHAZAR.

Oh! malheur!.. malheur!..

FÉLIX.

Il ne lui manque pour être parfaite que de ruiner un fermier-général,
de faire battre en duel une demi douzaine de gentilshommes, et par ma
foi, elle sera digne d'entrer à l'Opéra!

BALTHAZAR.

Mais c'est un rêve que tout cela.

FÉLIX.

Ah ça! mon cher, elle vous a donc donné rendez-vous?

BALTHAZAR.

A moi?.. Mais votre maître?

FÉLIX.

Vous avez peur qu'il ne se présente, n'est-ce pas?

BALTHAZAR.

Non, non... mais dites-moi, que venez-vous faire ici?

FÉLIX.

Il est délicieux sur l'honneur. (Se rapprochant.) Tenez... je veux bien vous
le dire... Je venais tout simplement redemander à la belle un portrait
qu'on lui a donné dans le commencement, dans la nouveauté...

BALTHAZAR.

Qu'on lui avait donné! ah! oui... je comprends.

FÉLIX.

Et qu'on trouve bon de lui reprendre maintenant.

BALTHAZAR.

Ce portrait... le voici!

FÉLIX.

Tiens!.. vous l'aviez?.. eh bien! mon cher rendez-le-moi et sortez!

BALTHAZAR.

C'est à ton maître que je le rendrai, et quant à sortir, je voudrais bien savoir qui m'y forcera.   (Il s'assied.)

FÉLIX.

Eh bien! courage... il est sans gêne... il fait absolument comme chez lui... vous voudriez savoir qui vous y forcera?.. mon maître! il ne souffrira certainement pas qu'on se moque ainsi de lui, à son nez, c'est-à-dire au mien, qu'on lui souffle une maîtresse qu'il n'a pas encore congédiée.

BALTHAZAR.

Une maîtresse!

FÉLIX.

Oui, je cours le chercher, car il est en bas qui m'attend et nous reviendrons ensemble, et nous vous jeterons à la porte, et si vous n'êtes pas content nous vous jeterons par les fenêtres, avec cela qu'elles sont basses, trois étages! (Revenant.) Et si vous n'êtes pas content encore nous vous jeterons à la Bastille.

(Il sort. Balthazar qui l'a écouté paisiblement se lève aussitôt.)

SCENE XII.

BALTHAZAR, seul.

Qu'il vienne ton maître! qu'il vienne. (Il se met à la fenêtre.) Un seigneur descend de son carosse! (Regardant le médaillon. En effet, c'est bien lui! ce médaillon est frappant de ressemblance! (Après avoir réfléchi.) Mais maintenant je me rappelle... oui, j'ai vu... quelque part... dans les premiers jours de mon arrivée à Paris... (Nouveau silence. Chez M. le comte de Mauran... (Frappé de stupeur.) Mais... c'est son fils... oui, son fils... (Il s'assied sur un fauteuil devant les spectateurs) Ma pauvre sœur!

(Il met la tête dans ses mains avec désespoir.)

SCENE XIII.

BALTHAZAR, EMMANUEL, FÉLIX.

FÉLIX.

Vous voyez, monseigneur, si je vous trompe.

EMMANUEL.

Un rival... déjà!.. quand je l'aime encore!..

(Il s'approche, met la main sur l'épaule de Balthazar, lui fait tourner la tête, ce dernier regarde en croisant froidement les bras et en demeurant assis. Emmanuel est stupéfait, le reconnaît et fait signe à son page de sortir.)

FÉLIX, sortant.

On va l'arranger, drôle.

SCENE XIV.

BALTHAZAR, EMMANUEL.

BALTHAZAR, assis.

Vous vous attendiez à trouver un rival, monsieur. (Se levant.) C'est un frère que vous trouvez! (Il tire une lettre de sa poche et la montrant à Emmanuel. Connaissez-vous cette écriture?

EMMANUEL.

Après, monsieur; après.

BALTHAZAR.

Après? eh bien! cette lettre renferme la preuve d'une insulte faite à un homme d'honneur; et ce médaillon. Il le tire.) la preuve d'une séduction infâme exercée sur une innocente fille.

EMMANUEL.

Qu'est-ce que cela prouve, monsieur?

BALTHAZAR.

Cela prouve que vous ne vous serez pas joué impunément de moi! cela prouve que vous n'aurez pas pour votre bon plaisir, monseigneur, fouillé dans des secrets de famille, fabriqué ou fait fabriquer une fausse lettre, contrefait des signatures afin de m'éloigner de Paris et de séduire une sœur que j'y laissais en partant! cela prouve que vous me ferez réparation ou me donnerez satisfaction! et cela, aujourd'hui, à l'instant!

EMMANUEL, souriant.

Moi !

BALTHAZAR.

Vous, monsieur le gentilhomme ; et vous ne sortirez pas d'ici que vous ne m'ayez promis l'une ou l'autre.

EMMANUEL.

D'abord, vous sentez bien, monsieur, qu'en supposant même que j'aime votre sœur je ne puis l'épouser ; ma naissance...

BALTHAZAR.

Votre naissance ! oh ! oui, c'est juste, les filles de sa classe doivent sans doute tirer à honneur que vous vouliez bien les déshonorer, messieurs les nobles ? (Froidement.) Eh bien ! puisque vous me refusez réparation, j'attends satisfaction. Vos armes ! l'endroit ! l'heure !

EMMANUEL.

Avant tout, monsieur, vous voudrez bien donner vos parchemins à examiner à mes témoins.

BALTHAZAR.

En m'ôtant l'honneur, vous m'avez pris les seuls parchemins qu'un honnête homme peut montrer, et vous verrez si ceux-là ne pèsent pas autant que les vôtres dans la balance.

EMMANUEL.

C'est possible, monsieur ; mais on ne nous permettra pas le combat.

BALTHAZAR.

Comment ? vous êtes jeune, vous m'avez offensé et vous m'opposez votre noblesse, vos titres ? mais n'est-il plus donc permis à un gentilhomme d'avoir, au moins une fois en sa vie, du cœur en présence d'un roturier ?

(Se rapprochant de lui.)

EMMANUEL.

C'est possible, monsieur, mais je ne me battrai pas.

BALTHAZAR.

Mais si je m'attache à vos pas ? si je vous insulte ? si je vous frappe en public ?

EMMANUEL.

En public ? vous ne l'oseriez pas ?

BALTHAZAR.

Mais ici... seul à seul...

EMMANUEL.

Ici... (Il tire son épée et la brise.) Vous ne l'oseriez pas davantage.

BALTHAZAR, lui saisissant la main.

Ah ! monseigneur, je ne sais pas comment je me vengerai de vous, mais j'en jure Dieu, je me vengerai !.. je me vengerai !

EMMANUEL.

Comme il vous plaira, monsieur.   (Il sort lentement.)

SCENE XV.

BALTHAZAR, seul.

Oh ! oui, je me vengerai ! (Après un silence.) Mais comment ! (Nouveau silence.) Me venger de qui ? (Réfléchissant.) Du comte de Mauran ? mais ce bon vieillard m'a si noblement, si généreusement accueilli ! je l'ai vu si heureux au milieu de ses enfans... près de sa fille... (Tressaillant et levant la tête.) De sa fille ! (Après un silence.) Ah ! vous avez une sœur, comte Emmanuel ! Marie !

(Son visage devient riant ; Marie ouvre la porte, il prend son verre et boit.)

SCENE XVI.

BALTHAZAR, MARIE.

MARIE, inquiète

Mme Robert, est-elle venue ? je ne l'ai pas trouvée chez elle.

BALTHAZAR.

Non, non... je suis resté seul.

MARIE, à part.

Ah ! je respire.

BALTHAZAR, à part.

Ma pauvre sœur! oh! non, non, elle a bien assez déjà de sa douleur! oui, elle ignorera que je sais tout. (Il place le médaillon dans le coffre qu'il referme. Haut en se rapprochant de sa sœur.) Eh bien! Marie, il commence à se faire tard... j'ai besoin de repos; toi-même tu dois être fatiguée; rentre dans ta chambre... Adieu, sœur, à demain... (Il l'embrasse au front et ne peut retenir ses larmes.) Adieu, ma sœur chérie.

MARIE, avec étonnement.

Balthazar! tu pleures? oh! ciel! qu'as-tu donc?

BALTHAZAR.

L'émotion! nous avons été séparés si long-temps!.. adieu, sœur, adieu. (Il s'éloigne; à part.) Oh! que je souffre!

(Il va reprendre son manteau qu'en entrant il avait jeté sur une chaise; pendant ce temps Marie s'approche de la table comme pour desservir, elle voit le coffre, l'ouvre précipitamment et y trouve le médaillon.)

MARIE, à part.

Oh! le voici! grand Dieu! s'il l'avait vu. Oh! mais non, il est calme, il ne sait rien.

BALTHAZAR, revenant et prenant Marie par la main.

A demain, sœur.

MARIE.

A demain.

(Elle rentre; en ce moment, la porte de gauche s'ouvre et Mᵐᵉ Robert entre; Balthazar la voit et allant vers elle.)

BALTHAZAR.

Malheureuse, ne remettez plus les pieds ici.

(Mᵐᵉ Robert recule effrayée et sort.)

FIN DU DEUXIÈME ACTE.

ACTE III.

Un salon. Entrée principale au fond; portes latérales.

SCÈNE I.

MOREL, FÉLIX.

FÉLIX, arrivant par le fond, à Morel qui entre par la gauche.

Eh bien? comment monsieur le comte a-t-il accueilli la nouvelle de l'arrivée de son fils?

MOREL.

Avec des transports de joie!.. mais il est étonné d'un retour aussi prompt.

FÉLIX.

Et moi donc! je n'y comprends rien: il y a quinze jours, nous étions encore en Flandres, et du diable si monsieur le vicomte parlait de quitter le régiment! Tout à coup, il y a six jours, il m'ordonne de faire préparer des chevaux et de partir de suite pour Paris, où il doit arriver une heure après moi.

MOREL.

C'est extraordinaire.

FÉLIX.

Cependant, je commence à croire que mon maître avait assez de la vie abrutissante du régiment, et qu'il a voulu revoir Paris... Oh! Paris!.. m'y revoilà donc!.. à moi Paris!.. à moi les plaisirs!.. plus de province!.. il!.. je l'ai en horreur, en exécration!

MOREL.

Pas tant de bruit, je vous prie, vous étourdissez toute la maison!

FÉLIX.

Vrai Dieu! j'ai craint un instant que le vicomte Emmanuel ne se perdît. Si vous saviez comme la casaque du soldat l'avait changé!.. plus d'intrigues, plus de bonnes fortunes, plus de duels... il menait une véritable existence de petit bourgeois.

MOREL.

Il n'avait pas tort vraiment, et je l'en félicite.

FÉLIX.

Vous êtes encroûté, mon cher; j'espère bien, moi, que nous allons reprendre notre joyeux train de vie, manger notre argent gaîment, et faire damner tous les pères et tous les maris de la capitale! Adieu, Morel, je vais voir si l'office est bien garni.   (Il sort.)

SCÈNE II.

MOREL, BALTHAZAR.

BALTHAZAR, entrant par la droite au moment où Félix sort par le fond.
Qu'est-ce?

MOREL.

C'est le page du vicomte Emmanuel, qui vient d'arriver pour prévenir monsieur le comte du retour de son fils.

BALTHAZAR.

Ah!.. le vicomte Emmanuel est revenu!..

MOREL.

On l'attend dans une heure!.. Vous n'avez rien à faire dire à monsieur le comte?

BALTHAZAR.

Non, Morel, merci!   (Morel sort.)

SCÈNE III.

BALTHAZAR, seul.

Vous arrivez donc enfin, monsieur le vicomte! je sais bien, moi, le motif qui vous fait revenir!.. mais ce que vous ignorez, vous, c'est que l'homme que vous venez chercher ici, n'est autre que Balthazar, qui avait juré de se venger et qui a tenu parole! (Après un silence.) Oui, je me suis vengé!.. mais à quel prix mon Dieu!.. quand vous entendrez dans le monde chacun accuser votre sœur, quand vous la verrez perdue dans l'opinion publique, vous ferez comme les autres, vous la croirez coupable, et me plaçant à votre niveau, vous serez convaincu, malgré ses larmes, que m'étant fait aimer d'elle, je l'ai séduite!.. vous vous tromperez, monsieur, sa réputation seule est flétrie!.. oui, flétrie!.. il fallait bien venger ma sœur!.. (En ce moment le comte entre par la gauche, appuyé sur Marie et sur Marguerite.) Mais ce vieillard si bon, pourquoi faut-il que ma vengeance ait dû le frapper en même temps que son fils!

SCÈNE IV.

LE COMTE, MARGUERITE, MARIE, BALTHAZAR.

LE COMTE, souriant.

Dupré?

BALTHAZAR.

Monseigneur?

LE COMTE.

Tu vois le comte de Mauran entre ses deux gardes-malades! ne les trouves-tu pas charmantes ainsi? n'est-ce pas qu'il y aurait un ravissant tableau à faire, dis-moi, avec cette tête blanche, placée entre ces deux têtes si jeunes, si belles!.. Oh! tu ne peux l'imaginer tout ce qu'il y a de noble et de bon dans ces deux âmes! tu ne pourras jamais comprendre de quels soins elles m'ont entouré pendant ma maladie! L'une veillait auprès de moi tout le jour, l'autre toute la nuit: dès que j'entr'ouvrais les yeux, la première chose que j'apercevais c'était le visage souriant de ma fille ou de ta sœur, et le plus souvent de toutes les deux ensemble!.. et le croirais-tu?.. il existait des momens où les voyant réunies autour de moi, je me demandais si je n'avais point toujours eu deux filles! (Se retournant vers Marguerite.) Oh! ne sois pas jalouse, mon enfant, de la tendresse, de l'affection que je lui porte: mais elle a eu si soin de moi, qu'il m'est bien permis de la croire pour un moment ta sœur... n'est-ce pas, Marie?

MARIE.

Oh! monsieur le comte!

LE COMTE.

L'isolement à mon âge est une si cruelle chose! Quand on est vieux, le cœur a besoin de plus grandes affections: ce qui retient à la vie, c'est de savoir qu'on est aimé... que chaque soir on adresse pour nous une prière au ciel! sans cela, la vieillesse serait un fardeau bien lourd à porter; mais tous les bonheurs semblent m'arriver aujourd'hui, comme jadis tous les chagrins.

MARGUERITE.

Oh! oui, mon père; nous allons donc revoir Emmanuel! Eh bien! il y a six mois, avais-je tort de vous dire qu'un jour il serait votre joie, votre orgueil! maintenant, on le cite à l'armée comme un modèle à suivre.

LE COMTE.

Et dernièrement, à Fontenoy, il a couvert de gloire le nom des Mauran. Oh! à présent, je puis l'aimer sans m'accuser de faiblesse, et il sera le bienvenu dans ma maison, comme l'enfant prodigue le fut dans celle de son père!

MARGUERITE.

Une seule chose me chagrine; dans toutes ses lettres Emmanuel parlait de moi; dans les deux dernières, il m'avait complètement oubliée.

LE COMTE.

Tu vois bien qu'il nous aime, puisqu'il revient si vite. (Prenant Marguerite à part, pendant que Balthazar et Marie causent à voix basse dans le fond.) Marguerite, je veux profiter de son retour pour assurer ton bonheur. Tu sais que depuis long-temps le duc de Montbarrey, mon plus ancien et meilleur ami, t'a demandée pour son fils, et que j'ai donné ma parole.

MARGUERITE, à part.

O ciel!

LE COMTE.

Eh bien! dès ce soir, nous reparlerons de cela.

SCENE V.

LES MÊMES, MOREL.

MOREL.

Le duc de Montbarrey demande s'il peut voir monsieur le comte? il l'attend dans son cabinet.

MARGUERITE, à part.

Le duc de Montbarrey!

LE COMTE.

C'est bien, Morel, j'y vais... (Morel sort.) Mes enfans, je vous laisse... (A sa fille qui le reconduit jusqu'à la porte de son appartement.) Tu le vois, ma chère Marguerite, le duc semble avoir deviné mes projets.   (Il sort.)

MARGUERITE, à part.

Cette visite du duc me fait trembler!

BALTHAZAR, à Marie, près de la porte de droite.

Je te le répète, sœur, il le faut! plus tard tu sauras pourquoi.

MARIE, à part, en sortant.

Qu'a-t-il donc, mon Dieu!

SCENE VI.

MARGUERITE, BALTHAZAR.

BALTHAZAR.

Marguerite, dans une heure j'aurai quitté cette maison.

MARGUERITE.

Que dites-vous!... partir!... me quitter!... mais vous n'avez donc pas entendu ce que mon père disait tout à l'heure de mon mariage avec le fils du duc de Montbarrey?

BALTHAZAR.

Je l'ai entendu.

MARGUERITE.

Vous oubliez donc que cette union est devenue impossible depuis que vous vous êtes fait aimer de moi?

BALTHAZAR.

Je n'ai rien oublié, Marguerite.

MARGUERITE.

Mais alors, vous ne m'aimez donc plus?.. Oh! répondez-moi comme vous le feriez si mes larmes ne coulaient pas... si mon visage était calme... je veux que ce soit votre cœur qui parle et non pas votre pitié.

BALTHAZAR.

Je vous ai dit que je vous aimais et devant Dieu, je n'ai pas menti! tout ce que j'ai passé ici d'instans heureux, c'est vous qui me les avez faits, car vous étiez tout pour moi... Et cependant, ne me suis-je pas conduit loyalement? le devoir ne l'a-t-il pas toujours emporté sur l'amour, sur le délire? votre honneur, enfin, n'est-il pas demeuré pur?..

MARGUERITE.

Mais, monsieur, ceux qui savent que vous m'aimez et que je vous aime, que penseront-ils?.. que diront-ils?.. à leurs yeux, je serai... oui, je serai perdue!..

BALTHAZAR.

Calmez-vous, Marguerite, j'ai été auprès de vous ce que sont auprès des autres dames, tous ceux que reçoit le comte, votre père... je vous ai adressé quelquefois la parole, mais rarement.

MARGUERITE.

Vous n'avez pas entendu comme moi, les amères railleries que l'on m'adressait, monsieur?.. Vous n'avez pas vu, comme moi, des regards curieux nous épier sans cesse, un doigt insolent nous désigner tous les deux? car vous sembliez prendre plaisir à afficher votre amour et vos assiduités. Hier, encore, dans le jardin, le fils du duc de Montbarrey ne vous a-t-il pas surpris à mes genoux, pressant ma main contre vos lèvres?.. Et qui dit, monsieur, que son père en ce moment n'instruit pas le mien de ce qui s'est passé? Oh! vous le voyez bien, tous ceux qui n'auront pas osé élever la voix tant que vous étiez là pour me protéger, parleront une fois que vous serez parti... Et comme aucun d'eux ne croira, ni ne pourra croire à mon innocence, tout le monde m'accusera... oui... tout le monde, à commencer par les serviteurs de mon père.

BALTHAZAR.

Ne me parlez pas ainsi, Marguerite, vous me brisez l'âme... (Après un moment de silence.) Et cependant il faut que je parte, que je trahisse mes sermens! mais au nom du ciel! quoique je dise et quoique je fasse ne me croyez pas, car je vous aime, Marguerite, et vous aimerai toujours!..

MARGUERITE.

Vous m'aimez.. et vous m'abandonnez sans raison, sans motifs!..

BALTHAZAR.

Il le faut... je le dois!

MARGUERITE.

Qui vous y force?

BALTHAZAR.

Vous me le demandez! oh!.. il y a dans mon cœur, un secret affreux... horrible... un de ces secrets qui remplissent la vie de larmes et de deuil!..

MARGUERITE.

N'importe... je veux le connaître parlez!.. je vous en conjure!

BALTHAZAR.

Non, Marguerite, non! c'est impossible!.. mais je vous le répète, avant une heure j'aurai quitté cette maison. (Il sort.)

SCÈNE VII.

MARGUERITE, seule.

Était-ce donc là le bonheur que je rêvais autrefois?.. Oh! mon père, pourquoi vous ai-je menti? pourquoi ai-je eu des secrets pour vous? votre tendresse m'aurait préservée des écueils... et maintenant je ne serais pas condamnée à m'accuser des larmes que je vous verrai répandre!.. Mon père!.. (Le comte paraît à la porte de gauche.) Dieu!.. c'est lui!.. Le comte arrive s'appuyant sur les meubles jusqu'à un fauteuil près duquel il demeure. Comme il est pâle, agité!.. plus de doutes, le duc à parlé!..

SCÈNE VIII.

MARGUERITE, LE COMTE.

MARGUERITE, se jetant aux genoux du comte.

Mon père!..

LE COMTE, la relevant.

Faites-moi grace de vos larmes, je sais tout!.. J'avais deux enfans, que j'aimais d'une égale tendresse, l'un se faisait un jeu du repos et de l'honneur des familles... je l'ai repoussé... l'autre a jeté la honte dans la mienne... je le repousserai de même et je resterai seul... demain, vous entrerez au couvent.

MARGUERITE.

Au couvent!..

LE COMTE.

Oui, mademoiselle; croyez-vous que maintenant une famille honorable veuille vous recevoir dans son sein? Tout Paris connaît votre scandaleux amour!.. Le duc a rompu lui-même l'union qu'il avait sollicitée... j'ai éprouvé cette humiliation, mademoiselle, et si le duc n'eut pas été mon meilleur ami, sur mon honneur, je l'aurais tué!

MARGUERITE.

Je ne suis pas coupable, mon père, je vous le jure!..

LE COMTE.

Point de sermens, je ne vous croirais pas!..

MARGUERITE, à part.

Oh! mon Dieu!.. le châtiment commence!

SCÈNE IX.

LES MÊMES, MOREL.

MOREL.

Monseigneur, M. Dupré demande à vous parler.

LE COMTE, à part.

Lui!..

MOREL.

Il paraît fort pressé et il demande à vous rendre ses comptes avant de quitter ce château.

LE COMTE.

Qu'il vienne...   (Morel sort.)

MARGUERITE.

Grace, mon père, grace pour lui et pour moi!

LE COMTE.

Ni pour l'un ni pour l'autre!   (Il lui fait impérieusement signe de rentrer.)

SCÈNE X.

BALTHAZAR, LE COMTE.

Le comte se laisse tomber dans un fauteuil. Balthazar entre.

LE COMTE, à part.

Que vais-je faire, mon Dieu!.. achever de perdre ma fille, sans lui rendre l'honneur! Et pourtant... comment renoncer à punir l'infâme!.. (A Balthazar, demeuré à l'écart.) Approchez, monsieur; on vient de m'apprendre que vous vouliez quitter mon service, me rendre vos comptes, est-ce vrai, monsieur?

BALTHAZAR.

Oui, monseigneur.

LE COMTE.

Pourquoi quittez-vous mon service?

BALTHAZAR.

Monseigneur, c'est la santé de ma sœur... la profession d'avocat à laquelle je me destinais d'abord et que je veux reprendre...

LE COMTE.

Vous demeurerez ici, monsieur.

BALTHAZAR.

Cependant, monseigneur..

LE COMTE, se levant.

Vous demeurerez, vous dis-je! (Il va à une armoire l'ouvre et prend un portefeuille. Balthazar le suit des yeux. Puis il revient en scène.) Vos noms de baptême?

BALTHAZAR, surpris.

Mes...

LE COMTE.

Vos noms de baptême!

BALTHAZAR.

Louis Balthazar.

LE COMTE.

Sa majesté Louis XV, pour reconnaître quarante années de ma vie employées à la défense de l'état, m'a bien voulu donner, avec pouvoir de le transmettre à l'un des miens, le château de Montbrison et le titre de baron attaché à ce fief; inscrivez vos noms sur ces titres de noblesse, monsieur.

BALTHAZAR.

Mais monsieur le comte...

LE COMTE.

De plus, monsieur, j'avais acheté pour mon fils, qui n'est encore que lieutenant, une compagnie... ce brevet est à vous!..

BALTHAZAR, stupéfait.

Mais, je ne comprends pas...

LE COMTE.

Vous ne comprenez pas!.. je vous offre ma fille en mariage, monsieur.

BALTHAZAR.

A moi! (A part.) Moi, l'époux de Marguerite!.. elle que j'aime tant!.. oh! ma sœur! ma sœur!..

LE COMTE.

Eh bien! monsieur?

BALTHAZAR, froidement.

Je ne puis épouser votre fille, monseigneur.

LE COMTE.

Vous ne pouvez épouser ma fille!

BALTHAZAR.

Je ne le veux pas.

LE COMTE.

Mais, tu n'as donc pas d'amour pour elle?

BALTHAZAR.

Non.

LE COMTE, hors de lui.

Comment, misérable, tu as condamné de sang-froid à la honte, une famille ancienne, illustre, afin de satisfaire un caprice! Et quand le chef de cette illustre et ancienne famille s'abaisse jusqu'à te ramasser, toi, perdu dans la poussière, et te propose d'unir à tes blasons d'un jour ses blasons séculaires, tu refuses, mendiant, la riche aumône que sa main prodigue laisse tomber sur toi!

BALTHAZAR.

Je suis accoutumé à l'insulte, monsieur le comte!

LE COMTE.

Mais apprends-moi donc ce qui t'a fait agir ainsi? car on ne se rend pas coupable d'un tel crime sans motif!

BALTHAZAR, sourdement.

Oh! non! non!..

LE COMTE.

Tiens! je vais te le dire, moi. C'est parce que tu me savais âgé, souffrant, criblé de blessures, incapable de te châtier!.. Oui, c'est parce que tu comptais sur l'impunité, lâche, que tu as été si hardi! Tu savais que ce bras ne pouvait plus soutenir une épée ou lâcher la détente d'un pistolet; mais tu ignores donc que le désespoir peut ranimer un instant des forces éteintes, et que la rage peut soulever à deux mains une épée et t'en frapper avec le tranchant!.. (Il cherche à soulever son épée. Ah!..

BALTHAZAR.

Votre épée retombe, monsieur le comte, votre bras si fort autrefois est sans vigueur maintenant, mais vous avez un fils! (On entend du bruit au dehors. — Ouvrant une fenêtre. Et le voilà, monseigneur, le voilà qui entre dans votre hôtel!   (Balthazar sort.

LE COMTE.

Mon fils!.. ainsi donc pour venger l'honneur d'un enfant, il faut que
j'expose la vie de l'autre!.. malheureux vieillard... et que me restera-t-il
à moi? Mon Dieu!.. pourquoi avez-vous si long-temps prolongé mon existence?.. J'étouffe!.. j'étouffe... oh!.. si je pouvais mourir!

(Il tombe anéanti sur un fauteuil.)

SCÈNE XI.
LE COMTE, EMMANUEL, FÉLIX, MOREL.

EMMANUEL.

Mon père!.. mon père!

LE COMTE, se relevant à sa voix.

Emmanuel!

*(Ils se jettent dans les bras l'un de l'autre et se tiennent long-temps embrassés. Puis
Emmanuel donne son manteau, son chapeau, au page et se tourne ensuite vers Morel.*

EMMANUEL.

Bonjour. mon vieil ami, bonjour.

MOREL.

Enfin!.. nous voilà de retour.

EMMANUEL.

Laisse-nous, Morel.   *(Félix et Morel sortent.)*

SCÈNE XII.
EMMANUEL, LE COMTE.

EMMANUEL, vivement.

Marguerite, mon père, où est-elle?

LE COMTE.

Ta sœur!..

EMMANUEL.

Pourquoi n'est-elle pas auprès de vous?

LE COMTE.

Emmanuel, l'honneur de votre famille est en péril.

EMMANUEL.

C'est pour cela, mon père, que je suis revenu!

LE COMTE.

Quoi!.. tu savais!.. si loin de Paris, à l'armée, le bruit de ma honte est
déjà parvenu!

EMMANUEL.

Oh! mon père!.. comment avez-vous fait?

LE COMTE.

J'étais souffrant, cet homme était malheureux et je l'ai accueilli!

EMMANUEL.

Vous ne l'avez pas laissé partir?

LE COMTE.

Il est ici!

EMMANUEL.

C'est bien! *Il sonne et Félix entre.* Ma voiture sur-le-champ. fais-y placer
des armes.

FÉLIX.

Un duel!.. vive Dieu!.. vous ne perdez pas de temps. monseigneur.

EMMANUEL.

Va vite!

FÉLIX, en sortant.

Mes beaux jours vont donc enfin revenir?

EMMANUEL.

Mon père, il faut que je parle à cet homme.

LE COMTE.

Je vais donner des ordres... Point de scandale. mon fils, le scandale tue.
Vous lui parlerez avec calme. et s'il se refuse encore à la réparation que
j'ai exigée de lui...

EMMANUEL, portant la main à son épée.

Il n'y en a qu'une possible.

LE COMTE, avec calme.

S'il s'y refuse... Eh bien! tu auras pour venger notre honneur l'épée des Mauran, et pour t'absoudre si tu le tues, ton bon droit.

(Le comte sort par la droite.)

EMMANUEL.

Oh! qu'il vienne!.. qu'il vienne!..

BALTHAZAR, à la porte du fond.

Le voici, monsieur le vicomte!

SCENE XIII.

BALTHAZAR, MARIE, EMMANUEL.

(Balthazar s'avance en tenant sa sœur par la main.)

EMMANUEL.

Balthazar!

BALTHAZAR.

Balthazar Dupré, secrétaire du comte de Mauran.

EMMANUEL.

Et Marie!   (Marie fait un mouvement.)

BALTHAZAR, lui prenant la main.

Marie... pas un mot!.. vous me l'avez promis.

EMMANUEL, se remettant.

Monsieur, la nature de l'entretien que nous devons avoir, exige que nous soyons seuls.

BALTHAZAR, à voix haute.

Seuls!.. pourquoi?.. vous pouvez parler devant ma sœur.

EMMANUEL.

Soit, monsieur. (Après un temps.) L'injure que vous avez faite à ma famille ne peut demeurer impunie.

BALTHAZAR.

Je ne vous comprends pas, monsieur.

EMMANUEL.

J'ai fait placer des armes dans ma voiture!

MARIE.

Des armes!.. Oh! mon Dieu!

EMMANUEL.

Je vous attends, monsieur.

MARIE.

Mon frère!

BALTHAZAR.

Vous savez bien, vicomte, qu'un grand seigneur ne peut pas descendre jusqu'à se battre avec un homme comme moi! je n'aurais pas de parchemins à montrer à vos témoins!

EMMANUEL.

Nous nous battrons sans témoins.

BALTHAZAR.

Il est vrai que si j'avais voulu, j'aurais pu être noble, porter l'épée de gentilhomme!.. être officier comme vous, être capitaine d'un beau régiment; mais il m'aurait fallu acheter ces choses de votre père, en épousant votre sœur, et c'est ce que je n'ai pas voulu!

EMMANUEL.

Oh!.. mais venez donc, monsieur, venez donc.

BALTHAZAR.

Je ne me battrai pas, monsieur.

EMMANUEL.

Vous ne vous battrez pas!..

BALTHAZAR.

Ah! vous pensez, parce que vous êtes gentilhomme. que vous aurez le droit de séduire les femmes et les jeunes filles obscures. sans accorder réparation à leurs maris ou à leurs frères!.. Non, non!.. cela ne sera point ainsi. Vous avez flétri ma sœur... j'ai flétri la vôtre!.. Il y a six mois. vous vous êtes trouvé, après m'avoir insulté, trop grand pour vous mesurer avec moi; je vous ai insulté aujourd'hui, et à mon tour, je me trouve trop petit pour me mesurer avec vous, monsieur le vicomte.

EMMANUEL.

Vous vous battrez!..

BALTHAZAR.

Vous me le demanderiez à genoux que je répondrais je ne me battrai pas!.. A présent, monsieur, nous sommes quittes!

(Il prend la main de sa sœur et se dispose à sortir.)

EMMANUEL.

Pas encore, Balthazar!

LE COMTE, paraissant à la porte de droite avec Marguerite.

Si, monsieur, vous êtes quittes!

SCÈNE XIV.

LES MÊMES, LE COMTE, MARGUERITE.

EMMANUEL.

Quoi! mon père!.. vous avez entendu!..

LE COMTE.

Oui, monsieur, et je dis qu'il a raison de ne pas vouloir se battre avec vous!.. Pensez-vous donc, monsieur, que ces hommes du peuple n'ont point d'âme, point de cœur, et qu'ils doivent tout souffrir sans se plaindre, sans maudire? Un autre sang que le leur coule-t-il dans vos veines à vous?.. et vous ne voulez pas qu'il rende insulte pour insulte... honte pour honte? j'ai bien voulu le tuer, moi!.. j'ai bien voulu venger l'honneur de ma fille!..

BALTHAZAR.

L'honneur de votre fille est resté pur, monseigneur!.. croyez-le, Balthazar n'a jamais menti! Un instant j'ai eu, par devoir, la pensée d'un crime; mais un sentiment plus fort et dont je ne vous dois pas compte, l'a emporté dans mon cœur. Je me suis fait aimer de votre fille... mais en la compromettant à dessein, j'ai su la respecter! (Au vicomte.) Oui, monsieur, ma sœur, séduite par vous, était perdue aux yeux du monde! votre sœur, compromise par moi, l'était de même!.. vous m'aviez refusé réparation!.. je vous ai refusé réparation!.. impunité pour impunité, monseigneur!.. c'est la peine du talion!

SCÈNE XV.

LES MÊMES, FÉLIX.

FÉLIX, à Emmanuel.

Monsieur le vicomte, les armes sont dans le carrosse, et l'on attend vos ordres. (A part.) Que vois-je?.. la petite Marie et l'homme de la rue de Sorbonne!

LE COMTE, à son fils.

Eh bien! monsieur? il y a ici deux hommes blessés dans leur honneur, à vous les premiers torts! qu'attendez-vous?

EMMANUEL.

Mon père, il n'y a qu'une seule excuse que je puisse faire... une seule que je puisse recevoir. (Désignant Marie.) M. Dupré, voici ma femme!

BALTHAZAR, désignant Marguerite.

Monsieur le vicomte, voici la mienne.

MARIE.

Ah! monseigneur!

MARGUERITE.

Mon père!

LE COMTE, les pressant contre son cœur.

J'avais bien raison, ce matin, de vous nommer mes filles!

FÉLIX, à part.

Ses filles!.. quelles mésalliances!

FIN.